JANET MORLEY

PREISEN WILL ICH GOTT, MEINE GELIEBTE

JANET MORLEY

PREISEN WILL ICH GOTT, MEINE GELIEBTE

PSALMEN UND GEBETE

Aus dem Englischen von
Cornelia Amecke-Mönnighoff
und Annette Esser

HERDER
FREIBURG · BASEL · WIEN

Reihe *frauenforum*
herausgegeben von Karin Walter

Titel der Originalausgabe:
All desires known

Herstellung: Freiburger Graphische Betriebe 1989
ISBN 3-451-21570-5

Inhalt

Vorwort

Gott weiß um unsere Sehnsucht und kennt unser Verlangen. * Dieser Satz spricht in mir eine Haltung an, die ich mit authentischem Gottesdienst verbinde: ein fast erschreckendes Gefühl der Selbstentblößung und gleichzeitig eine seltsame und tiefe Erleichterung.

Christliches Leben verstehe ich als eine Integration unserer Sehnsucht: der persönlichen Sehnsucht, den politischen Visionen und dem Verlangen nach Gott. Ich glaube, daß unsere tiefsten Sehnsüchte derselben Quelle entspringen und sich nicht gegeneinander ausspielen lassen. Gottesdienst ist ein Ort, wo dies erfahren werden kann.

In meinen Texten habe ich versucht, meinen Glauben und auch meinen Feminismus zu integrieren. Für mich und für viele andere ist die Frauenbewegung der Ort gewesen, wo mein christlicher Glaube zum einen aufs äußerste herausgefordert wurde, wo er zum anderen aber auch eine Quelle für erneutes Wachstum und Stärke gefunden hat. Das Evangelium, das uns ja immer in Frage stellt, hat uns gleichzeitig davor bewahrt, in eine Ideologie der Selbstgerechtigkeit zu verfallen.

Im Gottesdienst werden auch gesellschaftliche Ideologien offensichtlich. Und nirgendwo werden sie deutlicher als in den Grundannahmen unserer Sprache. So stößt die Konvention, von Gott in exklusiv männlichen Ausdrücken zu reden, bei den

* „All desires known" lautet der Titel der englischen Originalausgabe dieses Buches.

Betenden immer mehr auf Unbehagen. Aber es ist nicht leicht, neue Worte zu finden. Der Versuch, bereits vorhandene Texte so zu verändern, daß sie „klingen", bleibt oft unbefriedigend. Kreativer scheint mir das Schreiben neuer Texte zu sein, in einer Sprache, die alte Gebetsformen und biblische Bilder miteinschließt und vertraute Versformen und Rhythmen aufnimmt.

„Inklusive" Sprache bedeutet nicht einfach, daß etwa der Ausdruck „allmächtiger Vater" durch ein ebenso problematisches „allmächtige Mutter" ersetzt wird. Wir müssen das Fehlen weiblicher Gottesbilder und der weiblichen Rede von Gott mit großer Sensibilität wahrnehmen und fragen, wie dies geschieht und warum es so ist. Aber es ist auch notwendig, anderen Vernachlässigungen auf die Spur zu kommen: Welche Weisen von Gott zu sprechen, welche Eigenschaften Gottes müssen wir wieder- und neuentdecken? Gott ist nicht mit einer beschränkten Anzahl von Worten zu identifizieren. Das zeigt sich schon am Modell der hebräischen Psalmen und an der langen, aber oft verschütteten Tradition christlicher Mystik. Hier finden wir nicht nur eine Fülle von Bildern, die doch nie endgültig sind, sondern auch die Mischung von Leidenschaft und politischem Bewußtsein, die unserer Sehnsucht Ausdruck verleiht.

In manchen meiner Gebete verwende ich ausdrücklich weibliche Bilder für Gott. Nicht, daß ich aus Gott eine Göttin machen möchte. Auch daraus, daß Generationen von Menschen von Gott als „Er" sprachen, kann ja nicht der Glaube an einen buchstäblich männlichen Gott gefolgert werden. Die Liebe Gottes ist mir ganz wesentlich durch meine Freundinnen, die ich liebe und mit denen ich kämpfe, vermittelt worden. Sie haben mir geholfen, mein Verlangen zum Ausdruck zu bringen. Wenn für uns als Frauen der einzige Zugang zur Fremdheit Gottes nur durch die „Andersartigkeit" des männlichen Gottesbildes möglich ist, so ist damit Gott als „der ganz Andere" nicht begriffen. Weibliche Gottesbilder zeigen nicht nur eine (für Frauen) besonders tröstliche Nähe zu Gott, nach dessen Bild wir geschaffen wurden. Sie bewahren uns auch davor, uns von der unbequemen und oft erschreckenden Nähe zu dem schwierigen Gott, den wir aus unserer Vorstellung verbannt haben, zu distanzieren. Dies ist uns in einer „männlichen" Sprache leichter möglich.

Die Psalmen am Anfang und die Meditationen zum Schluß sprechen mit einer großen Nähe von und zu Gott. Die Form des Psalms ist aus feministischer Sicht besonders interessant. Psalmen erlauben einen intensiven und individuellen Ausdruck und können doch auch immer die Stimme einer Gemeinschaft sein. So kann in dieser Form ganz besonders deutlich werden, daß das Persönliche politisch ist.

Die Gebete im Jahreskreis umfassen Gebete für Sonn- und Festtage, sowie eine Auswahl von Gebeten für andere Gelegenheiten. Die Gebetstexte wurden Woche für Woche innerhalb des Lesejah res vom Advent 1986 bis zum Advent 1987, in Verbindung mit dem alternativen Meßbuch der anglikanischen Kirche,* geschrieben. Manche von ihnen sind eng an den genauen Zeitpunkt des liturgischen Jahres gebunden; andere beziehen sich auf das gestellte Thema, können aber auch in anderen Zusammenhängen und zu anderen Zeitpunkten gelesen werden. Wo immer im Rahmen der vorgegebenen Lesungen möglich, habe ich Bilder und Erzählungen aufgegriffen, die Frauen betreffen.

Die liturgischen Gebete greifen verschiedene traditionelle Formen auf: Litanei, Canticum, Eucharistisches Hochgebet, Glaubensbekenntnis, Segen. Eigentlich alle Texte wurden zu bestimmten Anlässen für eine ökumenisch offene anglikanische Gemeinde geschrieben; dies habe ich jeweils angemerkt.

Theologisch wird häufig auf die Weisheit Gottes verwiesen, die in einer wesentlichen Tradition jüdischen Denkens in weiblichen Begriffen personifiziert ist. In der Tat finden sich an den entscheidenden christologischen Passagen des Neuen Testaments starke und bedeutsame Anklänge an die Weisheitstradition. Die eucharistischen Hochgebete in diesem Buch haben das Ziel, traditionelle christliche Theologie der Eucharistie mit einer Betonung von und einer Feier für das Zeugnis von Frauen im Leben Jesu zu verbinden. Der Übersetzung liegen Formulierungen der Lima-Liturgie zugrunde, die von der Kommission für Glaube und Kirchenverfassung des ÖRK zusammen mit den Konvergenzerklärungen zu Taufe, Eucharistie und Amt (Lima-Erklärungen) erarbeitet wurde.

* Church of England's Alternative Service Book, 1980.

Die Texte dieser Sammlung sind lange gewachsen, und sie sind durch eine Gemeinde herausgefordert und unterstützt worden. Nun biete ich sie einer größeren Gemeinschaft an. Beim Schreiben dieser Gebete habe ich versucht, ‚Raum' zwischen den Worten zu lassen für Deutungen. Solche Deutungen werden durch das je einmalige Zusammentreffen von Ort, Zeit und der Gruppe von Menschen geschaffen, die sie in der Gegenwart Gottes sprechen wollen.

Psalmen

PSALM 1

Preisen will ich Gott, meine Geliebte,
denn lieblich ist Sie ganz und gar.

Ihre Gegenwart befriedigt meine Seele;
zum Überfließen füllt Sie meine Sinne,
so daß ich sprachlos bin.

Ihre Berührung bringt mich zum Leben;
die Wärme Ihrer Hände macht mich ganz lebendig.

Ihre Umarmung nährt mich, Körper und Geist;
jeder Teil meines Seins antwortet
auf Ihre Berührung.

Die Schönheit Ihres Antlitzes ist mehr
als ich ertragen kann;
in Ihrem Blick versinke ich.

Wenn Sie mich anschaut,
kann ich nichts mehr zurückhalten;

wenn Sie um meine Liebe bittet,
bricht all meine Abwehr zusammen;
mein Stolz und meine Selbstkontrolle sind dahin.

O Gott, ich fürchte Deine schreckliche Gnade;
ich habe Angst, mich zu verlieren.

Wenn ich mich in den Strudel Deiner Liebe begebe,
werde ich die Umarmung überleben?

Und wenn ich in die starke Strömung
Deines Verlangens gerate,
werde ich dem Ertrinken entkommen?

Aber wie soll ich meine Geliebte zurückweisen,
wie kann ich mich der entziehen,
nach der mein Herz sich sehnt?

Am Rand Deines Abgrunds
schaue ich herab und erzittere;
aber mein Blick wird dort nicht ewig gebannt
bleiben.

Selbst im Chaos wirst Du mich tragen,
auch wenn Wellen und Wogen über mich
hingehen,
wirst Du mich noch halten.

Denn Dein ist auch das Chaos,
und im Strudel mächtiger Wasser
bist Du gegenwärtig.

Wenn ich Ihr vertraue,
wird Ihre Kraft nicht von mir weichen,
und ich werde nicht endgültig vernichtet sein.

Auch wenn ich alles Wissen
und alle Sicherheit verliere,
mein Gott wird mich niemals verlassen.

Sie wird mich neu schaffen in beharrlicher Liebe,
so daß ich nicht bangen muß.

Dann will ich meine Geliebte
unter den Menschen preisen,
unter denen, die Gott zu erkennen suchen.

PSALM 2

Gott mein Gott, warum hast Du mich verlassen?
Warum liege ich wach und flehe inständig,
wenn Niemand da ist, der mich hört?

Denn mein Verlangen übersteigt das,
was ich ertragen kann,
meine Einsamkeit ist wie ein gähnender Abgrund,
und mein Hunger ist nicht gestillt.

Denn ich habe gesagt,
ich werde meinen Gott suchen und Sie kennen,
und Sie wird mir antworten,
und ich werde befriedigt sein.

Siehe, Dein Wort stand vor mir,
und ich suchte Dich,
Du öffnetest mein Herz,
so daß ich Deine Berührung nicht zurückweisen
konnte.
Du strecktest Deine Hand in die Tiefe
und zogst mich empor;
und mein Körper verging vor Liebe.
Ich habe mich Dir anvertraut, mit Leib und Seele;
ich übergab Dir meinen Geist,
und ich hielt nichts zurück.

Aber Du hast mich verführt, o Gott,
und ich ließ mich verführen.
Als ich versuchte, Dich zu berühren,
faßten meine Hände in Leere;
meine Arme und mein Herz streckte ich aus,
und da war nichts was ich halten konnte.

Warum habe ich Deinem Wort vertraut, o Gott?
Dein Wort ist mir zur Qual geworden
und doch kann ich nicht davon lassen;
meine Seele sucht es ohne Unterlaß,
und ich finde keine Ruhe.

Aber wie kann ich sagen,
ich werde Ihr Erbarmen vergessen?
Und wie kann ich zu mir zurückkehren,
als wenn es Ihre Liebe nie gegeben hätte?
Denn die Fluten haben mich durchströmt
und verändert;
die Flußtäler und Wasserrinnen
erinnern sich an die Ströme,
und sie klagen;
die Verengungen meiner Seele lassen nicht davon ab,
auf Regen zu hoffen.

So will ich mich an meinen Gott erinnern,
auch wenn Sie mir fern ist;
und obwohl Niemand da ist mich zu halten,
soll doch mein Herz geöffnet bleiben.

PSALM 3

Gott ist mein starker Fels, auf den ich gründe,
und all mein Vertrauen schenke ich Ihr.

Tief in meiner Mutter Schoß kannte Sie mich;
noch bevor meine Glieder sich formten,
sehnte Sie sich nach mir.
All meiner Bewegungen
erinnert Sie sich mit Anteilnahme,
und als ich noch nicht zu sehen war,
hatte Sie mich schon im Sinn.

Ihre Kraft hat mich ans Licht gezogen;
Sie war es, die mich zur Welt brachte.
Ihre Hände hielten mich sicher;
Sie umsorgte mich an meiner Mutter Brust.

Wenn ich stammle,
formt Sie die Worte in meinem Mund,
und wenn ich schweige,
hat Sie meine Gedanken verstanden.
Schreie und tobe ich,
hört Sie mein Flehen und meine Unsicherheit.

Wenn ich Angst habe, bleibt Sie mir nahe,
und wenn ich voller Entsetzen bin,
verbirgt Sie nicht Ihr Gesicht.
Kämpfe ich gegen Sie, so läßt Sie mir Raum,
und wenn ich Ihr widerstehe,
nimmt Sie es mit meiner Kraft auf.

Bin ich jedoch selbstzufrieden,
stellt Sie sich mir entgegen;
und wenn ich der Falschheit verhaftet bin,
untergräbt Sie meinen Stolz.
Denn Sie wacht eifersüchtig über meine Ganzheit,
und nach nicht Geringerem verlangt Sie
als nach Wahrheit.

Allen, die schwach sind, zeigt Sie Ihr Mitleid,
und die, die niedergedrückt sind,
richtet Sie auf.
Die Anmaßenden aber wird Sie vernichten
auf der Höhe Ihrer Macht,
und Unterdrücker stürzt Sie zu Boden;
gänzlich aufdecken wird Sie die Berechnung
der Hartherzigen.

Gott erhebt die Niedrigen,
und ich will Sie lieben.
Die Mächtigen fordert Sie heraus,
und ich begehre Sie mit meinem ganzen Herzen.
Gott ist der Fels, auf den ich gründe,
und der Sinn meines Seins liegt in Ihr;
denn ohne Gott gibt es keine Gewißheit,
und fern von Ihr ist kein Ort der Sicherheit.

PSALM 4

Wie eine Frau in den Wehen
nach der Geburt verlangt,
so verlange ich nach Dir, o Gott;
und wie sie sich danach sehnt,
das Gesicht ihres Kindes zu sehen,
so sehne ich mich nach Deiner Befreiung.
Sie schreit auf, sie stöhnt,
denn ihre Qualen sind groß,
und ihr Verlangen ist ohne Maß;
ihr ganzer Körper ächzt in den Wehen
bis sie befreit sein wird.

Meine Seele hungert nach Dir
wie das Kind nach der Mutter Brust;
so wie der Säugling, der nachts aufschreit
und in der Dunkelheit auf Trost wartet.
Des Nachts will ich nach Deiner Gerechtigkeit
rufen,
und in der Frühe des Morgens
will ich nach Dir suchen,
denn Du, o Gott, bist der Quell meiner Erlösung
und all meine Nahrung finde ich in Dir.

Wie eine Frau ihre Freundin anschaut,
so daß sich ihr Herz öffnet und sie frei wird,
daß ihre Worte Verständnis finden
und ihre Ängste aufgehoben sind,
so schaue ich Dich an, o Gott,
daß Du mich suchst und meine Wege kennst,
mir Gerechtigkeit bringst und Sanftmut,
und mich erlöst heimkehren läßt.

Wie der Körper der Liebenden
nach ihrem Geliebten verlangt,
so sehne ich mich nach Deiner Berührung.
Sie ruft aus der Tiefe, sie weint,
denn die Schönheit ihres Geliebten
macht sie sprachlos.
Auch Du hast Deine Hand auf mich gelegt,
und Deine Wege kann ich nicht vergessen.

So will ich weiter nach meiner Geliebten rufen,
und ich werde nicht eher ruhen,
bis ich im Dunkel Ihrer Umarmung wohne,
und all meine Stille umfangen ist von Ihr.

Gebete im Jahreskreis

9. SONNTAG VOR WEIHNACHTEN

Heiliger Geist,
gewaltiger Sturm Gottes,
bewohne unser Dunkel,
überschatte unseren Abgrund
und sprich in unser Chaos;
damit wir durch Deine Lebendigkeit atmen
und an Deiner Schöpfung teilhaben können,
in der Kraft Jesu Christi, Amen.

Gn 1 und 2: Schöpfung.

8. SONNTAG VOR WEIHNACHTEN

Heiliger Gott
wir werden in eine Welt hineingeboren,
die von Sünde geprägt und durchdrungen ist.
Wenn wir unsere Unschuld beteuern
und versuchen, uns gegenseitig anzuklagen,
gib uns die Gnade, unsere Nacktheit zu erkennen
und zu Dir allein aufzuschreien,
durch Jesus Christus, Amen.

Gn 3, 1–15: Sündenfall. Gn 4, 1–10: Kain und Abel. Röm 7, 7–13 (Jo 1, 5–10).

7. SONNTAG VOR WEIHNACHTEN

Furchtbarer Gott,
Du forderst entsetzliche Opfer
von unserer Liebe,
und Dein gültiges Versprechen
ist im Widerspruch enthalten.
Mögen wir unsere tiefsten Sehnsüchte
so auf Deinem Altar darbringen,
daß wir sie von Dir zurückerhalten
als geheimnisvolle Gabe,
durch Jesus Christus, Amen.

Gn 22, 1 – 18: Abraham und Isaak. (Mk 8, 34 – 35).

6. SONNTAG VOR WEIHNACHTEN

Gott, dessen heiliger Name all unsere Begriffe sprengt,
aber dessen Willen wir kennen:
Die Befreiung der Unterdrückten.
Laß uns eins sein
mit allen, die nach Gerechtigkeit rufen,
damit wir, die wir Dich preisen,
für Deine Wahrheit kämpfen mögen,
durch Jesus Christus, Amen.

Ex 3, 7 – 15: Ich bin der Ich-bin.

5. SONNTAG VOR WEIHNACHTEN

O Gott, vor dem wir fliehen,
dessen Schweigen schrecklicher ist
als Erdbeben, Wind oder Feuer,
sprich in unsere Einsamkeit
und stelle Dich unserer Verzweiflung entgegen;
so daß wir sogar in Deiner Abwesenheit
Deine Stimme erkennen
und eingehüllt in Deine Gegenwart
hervortreten, um der Welt zu begegnen,
im Namen Jesu Christi, Amen.

1 KG 19, 9 – 18: Elija und das leise sanfte Säuseln.

1. ADVENTSSONNTAG

Gott unser Erlöser,
dessen nahe Geburt
noch immer die Grundfesten der Welt erschüttert,
laß uns Dein Kommen
voller Eifer und Hoffnung erwarten,
so daß wir ohne Schrecken den Geburtsschmerz
der neuen Zeit umarmen,
durch Jesus Christus, Amen.

1 Thess 5, 1 – 11. (Mk 13, 8 – 37). (Röm 8, 18 – 25).

2. ADVENTSSONNTAG

O Gott, Stifter unserer Unruhe,
dessen Rede machtvoll ist,
und dessen Wort erfüllt werden wird;
laß uns erkennen,
daß uns all das unbefriedigt läßt,
was Deine Wahrheit verzerrt,
und mache unsere Herzen wach
für Deine befreiende Stimme,
in Jesus Christus, Amen.

Js 55, 1 – 11. Lk 4, 14 – 21: Jesus in Nazareth. 2. Tim 3, 14 – 4,5.

3. ADVENTSSONNTAG

Gott unser Heiland,
dessen Gnade wie ein läuterndes Feuer ist,
berühre uns mit Deiner Gerechtigkeit
und begegne uns mit Deiner Zärtlichkeit;
so daß wir uns, von Dir getröstet,
einer bedrängten und verwirrten Welt zuwenden,
durch Jesus Christus, Amen.

Js 1, 1 – 11. Mal 3, 1 – 5.

4. ADVENTSSONNTAG

O unbekannter Gott,
dessen Gegenwart verkündigt ist,
nicht unter den Mächtigen,
sondern im Verborgenen.
Komm, überschatte uns jetzt,
und rühre das an, was wir verstecken wollen,
damit wir voll Freude
in Deine Dunkelheit eintreten,
und bereit sind, an Deinem Wirken teilzunehmen,
durch Jesus Christus, Amen.

Lk 1, 26 – 38: Verkündigung. 1 Kor, 26 – 31.

HEILIG ABEND / WEIHNACHTEN

Gott, unser Geliebter,
aus dem Leib einer Frau geboren,
Du bist gekommen, damit wir Dich ansehen
und mit unseren Händen begreifen können;
mögen wir einander so sehr in unserer
Leiblichkeit schätzen,
daß wir auch von Dir berührt werden,
durch das Wort, das Fleisch geworden ist,
Jesus Christus, Amen.

Jo 1, 1 – 14. (1 Jo 1, 1 – 4).

1. SONNTAG NACH WEIHNACHTEN

Liebendes Wort Gottes,
Du hast uns die Fülle Deiner Herrlichkeit gezeigt,
indem Du Fleisch angenommen hast.
Erfülle uns in unserer Leiblichkeit
mit Deiner Gnade und Wahrheit,
so daß unsere Freude grenzenlos sei,
und wir unsere Ganzheit erlangen können,
in Deinem Namen, Amen.

Jo 1, 14–18.

2. SONNTAG NACH WEIHNACHTEN

Gott der Gemeinschaft,
dessen Ruf stärker ist
als Bluts- und Familienbande:
mögen wir die Menschen,
deren Leben mit dem unseren verbunden ist,
so achten und lieben,
daß wir Dir nicht untreu werden,
sondern im Einklang mit Deinem Willen
unsere Entscheidungen treffen,
durch Jesus Christus, Amen.

Lk 2, 41–52: Der zwölfjährige Jesus im Tempel. (Mk 3, 31–35: Die wahren Verwandten Jesu).

ERSCHEINUNG

O Gott, Quelle aller Einsicht,
der den Nationen erschienen ist,
nicht als einer der Mächtigen,
sondern auf dem Schoß einer Frau.
Gib uns die Gnade, Dich dort zu suchen,
wo Du gefunden werden kannst,
so daß die Weisheit dieser Welt demütig werde
und Deine unerwartete Freude entdecke,
durch Jesus Christus, Amen.

Mt 2, 1 – 12: Der Besuch der Weisen.

1. SONNTAG NACH ERSCHEINUNG / TAUFE DES HERRN

Geist der Kraft und des Wandels,
in dessen Macht Jesus gesalbt wurde
zur Hoffnung der Nationen.
Mögest Du auch über uns ausgegossen werden
ohne Einschränkung und ohne Unterschied,
damit wir das Vertrauen und die Stärke haben,
Deine Gerechtigkeit auf die Erde zu bringen,
durch Jesus Christus, Amen.

Js 42, 1 – 7. Mt 3, 13 – 17: Taufe Jesu. (Joel 2, 28 – 29).

2. SONNTAG NACH ERSCHEINUNG

O Gott, den wir bekämpfen,
Du sprichst mit der Stimme der Verfolgten
und rufst den Verfolger auf, zu Dir umzukehren.
Stelle Dich der Gewalttätigkeit in uns,
die wir ausüben
oder in die wir einwilligen, entgegen,
damit unsere Stärke in der Schwäche vollkommen
werde,
und wir unsere Zuversicht in Dich setzen,
durch Jesus Christus, Amen.

Apg 26, 9 – 20. Gal 1, 11 – 24: Bekehrung des Paulus. (2 Kor 12, 7 – 10).

3. SONNTAG NACH ERSCHEINUNG

O Gott,
dessen Schönheit
unsere Vorstellungskraft übersteigt,
und dessen Macht wir nicht begreifen können.
Zeige uns Deine Herrlichkeit
soweit wie wir sie erfassen können,
und bewahre uns davor,
mehr wissen zu wollen, als wir ertragen,
bis wir Dich ohne Furcht schauen können,
durch Jesus Christus, Amen.

Ex 33, 12 – 23: Moses in der Felsenhöhle.

4. SONNTAG NACH ERSCHEINUNG

Heiliger Gott,
dessen Gegenwart wir
in den Gebäuden, die wir errichten,
wie auch in ihrer Zerstörung erkennen.
Gründe unter uns eine Gemeinschaft der Hoffnung,
nicht, um Dein Geheimnis zu erfassen,
sondern um über alle Absicherung hinaus
in Deinem heiligen Raum geführt zu werden,
durch Jesus Christus, Amen.

1 Kg 8, 22 – 30: Das Gebet Salomos. 1 Kor 3, 10 – 17. Jo 2, 13 – 22: Die Tempelreinigung. Jr 7, 1 – 11.

5. SONNTAG NACH ERSCHEINUNG

Verborgener Gott,
dessen Weisheit unsere Liebe herausfordert
und all unsere Werte ins Wanken bringt.
Fülle uns mit dem Verlangen,
nach Ihrer Wahrheit zu suchen,
damit wir die Welt verwandeln,
indem wir um Ihretwillen zu Narren werden,
durch Jesus Christus, Amen.

Spr 2, 1 – 9. 1 Kor 3, 18 – 23.

6. SONNTAG NACH ERSCHEINUNG

Christus, unser Lehrer,
Du greifst in unser Leben ein –
nicht durch Vorschriften, sondern durch Erzählen.
Öffne unsere Herzen, damit sie aufmerksam werden,
so daß wir erkennen, wenn wir sehen,
und verstehen, wenn wir hören,
und wenn wir verstehen, nach Deinem Worte handeln,
in Deinem Namen, Amen.

Gleichnisse. (Mk 4, 1–20).

9. SONNTAG VOR OSTERN

Verwundbarer Gott,
Durch die Bedürftigen und Barmherzigen
und die, die mit Sehnsucht erfüllt sind,
forderst Du die Machthaber dieser Welt heraus.
Laß uns nach Gerechtigkeit hungern und dürsten,
und laß uns aufrichtig nach Frieden suchen;
so daß wir Dein Antlitz schauen
und Befriedigung in Dir finden,
durch Jesus Christus, Amen.

1 Kor 4, 8–13. Mt 5, 1–12: Die Seligpreisungen. 1 Kor 2, 1–10.

8. SONNTAG VOR OSTERN

O Gott, dessen Wort Leben ist,
und dessen Freude es ist,
auf unser Rufen zu antworten,
gib uns den Glauben der syrophönizischen Frau,
die es ablehnte, ausgeschlossen zu bleiben;
so daß auch wir genug Geistesgegenwart besitzen,
dafür zu streiten,
daß unsere Töchter ganz werden können,
durch Jesus Christus, Amen.

Mk 7, 24 – 30: Heilung der Tochter einer Syrophönizierin.

7. SONNTAG VOR OSTERN

Christus, unser Begleiter,
Du bist nicht gekommen,
um den Sünder zu erniedrigen,
sondern um den Gerechten aufzustören.
Nimm uns an, wenn wir beschämt werden,
aber fordere unsere Selbstgefälligkeit heraus,
so daß wir uns von dem, was böse ist, abwenden
und selbst von unserer Tugendhaftigkeit
befreit werden, in Deinem Namen, Amen.

Mk 2, 13 – 17. Jo 8, 2 – 11: Die Ehebrecherin.

ASCHERMITTWOCH

O Gott,
zu Dir hin hast Du uns geschaffen,
und Deinem Verlangen können wir nicht
entfliehen.
Zeichne uns mit Deiner Liebe,
und laß uns leidenschaftlich
nach Deiner Gerechtigkeit
in unserer entstellten Welt suchen;
so daß wir uns von unserer Schuld abwenden
und Dir begegnen,
der Sehnsucht unseres Herzens, Amen.

Js 58, 1 – 8. Mt 6, 16 – 21.

1. FASTENSONNTAG

Geist der Ganzheit,
Du treibst uns in die Wüste,
um nach unserer Wahrheit zu forschen.
Gib uns die Klarheit zu wissen, was richtig ist,
und die Tapferkeit, alle Berechnung zurück-
zuweisen.
Laß uns die falsche Unschuld,
der Entscheidung aus dem Weg zu gehen,
vermeiden,
so daß wir den Zwecken Jesu Christi folgen
können, Amen.

Mt 4, 1 – 11. Lk 4, 1 – 13. (Mk 1. 12 – 13): Versuchung in der Wüste.

2. FASTENSONNTAG

Geist der Wahrheit und des Urteils,
der allein die Mächte austreiben kann,
die die Herrschaft der Welt
an sich gerissen haben.
Im Moment der Krise
gib uns Deine Unterscheidungskraft,
damit wir das, was übel ist,
genau benennen können
und den Weg erkennen, der zum Frieden führt,
durch Jesus Christus, Amen.

1 Jo 4, 1–6. Lk 19, 41–48: Klage über Jerusalem. Mt 12, 22–32.

3. FASTENSONNTAG

Jesus, unser Bruder,
Du bist den Weg, der notwendig ist, gegangen
und wurdest um unseretwillen gebrochen.
Mögen wir uns weder an das Leid klammern,
wo es sinnlos ist,
noch uns weigern, den Schmerz anzunehmen,
wo er als Preis von uns gefordert wird.
Indem wir uns so um Deinetwillen verlieren,
laß uns ins neue Leben gelangen,
Amen.

Lk 9, 18–27. Mt 16, 13–28. (Mk 8, 27–38): Glaubensbekenntnis des Petrus.

4. FASTENSONNTAG

Gott, unsere Mutter,
Du trägst unser Leben in Dir,
nährst uns an Deiner Brust
und lehrst uns, allein zu gehen.
Hilf uns, Deine Zärtlichkeit so zu empfangen,
und so auf Deine Herausforderung zu antworten,
daß auch andere das Leben in uns finden mögen,
in Deinem Namen, Amen.

Js 46, 3–4. Js 49, 14–16. Js 66, 7–13. Hos 11, 1–4.

5. FASTENSONNTAG

Christus, unser Herr,
Du hast es abgelehnt, andere zu beherrschen,
und starbst den Tod eines Sklaven.
Mögen auch wir uns weigern,
über die zu herrschen,
die von uns abhängig sind,
und statt dessen gemeinsam
die Verantwortung tragen,
so daß alle befähigt werden,
an der Macht teilzuhaben,
in Deinem Namen, Amen.

Mk 10, 32–45: Wer ist der Größte?

O Gott, Quelle unserer Leidenschaft,
Du hast unser schutzloses Fleisch angenommen.
Entzünde in uns
Deinen Zorn und Dein Verlangen,
so daß wir vom Leiden nicht verzehrt werden,
sondern an Dir festhalten,
durch Jesus Christus, Amen.

PALMSONNTAG

Gott, unsere Hoffnung auf Sieg,
den wir immer wieder betrügen.
Gib uns die Gnade, Dein Kommen zu erkennen,
so daß in unserem Jubel Verbindlichkeit ist,
und daß, wenn wir schweigen,
die Steine laut schreien werden,
in Deinem Namen, Amen.

Mt 21, 1 – 13. (Lk 19, 28 – 40): Messianischer Einzug in Jerusalem.
Mk 14, 32 – 15, 41: Leidensgeschichte.

GRÜNDONNERSTAG

Christus, dessen Füße
mit Salböl und dem Haar einer Frau
liebkost wurden.
Demütig hast Du Schüssel und Tuch genommen
und die Füße Deiner Freunde gewaschen.
Wasche auch uns in Deiner Sanftmut,
wenn wir einander berühren,
damit wir Deinen Dienst in Freiheit aufnehmen
und so keinen anderen Zwang mehr dulden,
in Deinem Namen, Amen.

(Jo 12, 1 – 11: Die Salbung von Bethanien). Jo 13, 1 – 15. Die Fußwaschung.

KARFREITAG

Christus, unser Opfer,
dessen Schönheit entstellt wurde
und dessen Leib ans Kreuz geschlagen wurde.
Öffne Deine Arme weit,
um unsere gequälte Welt zu umarmen,
damit wir unseren Blick nicht abwenden,
und uns Deiner Gnade überlassen,
Amen.

Js 52, 13 – 53, 12: Der Gottesknecht. Jo 18, 1 – 19, 37: Leidensgeschichte.

Christus, dessen bitterer Todeskampf
von Frauen aus der Ferne beobachtet wurde.
Mach' uns fähig, dem Beispiel
ihrer beharrlichen Liebe zu folgen,
so daß wir durch Standhaftigkeit
im Angesicht des Schreckens
auch den Ort der Auferstehung kennen,
in Deinem Namen, Amen.

(Mk 15, 40 – 16, 1 Die Frauen auf Golgota).

OSTERNACHT

O Gott,
Du hast die Tiefen erforscht,
die wir nicht kennen können,
und berührt, was wir nicht zu benennen wagen.
Mögen wir also warten,
eingeschlossen in Deine Dunkelheit,
bis wir bereit sind,
dem Schrecken der Morgenröte zu begegnen,
mit Jesus Christus, Amen.

Ib 14, 1 – 14. (Ps 139).

OSTERSONNTAG

Gott des Schreckens und der Freude,
Du bist erschienen, um die Erde zu erschüttern.
Öffne unsere Gräber
und gib uns unsere Vergangenheit zurück;
damit alles, was begraben wurde,
befreit und vergeben werde,
und unser Leben
durch den auferstandenen Christus
zu Dir zurückkehre, Amen.

(Mt 27, 51–54). Mt 28, 1–10: Die Auferstehung. (Js 2, 19–21). Mk 16, 1–8: Das leere Grab. Die Botschaft des Engels.

O unvertrauter Gott,
wir suchen Dich an Orten,
die Du schon verlassen hast,
und sehen Dich nicht,
selbst wenn Du vor uns stehst.
Gib, daß wir Dich in Deiner Fremdheit erkennen
und uns nicht an vertrauten Schmerz klammern,
sondern frei sind, die Auferstehung zu verkünden,
im Namen Christi, Amen.

Jo 20, 1–18: Erscheinung vor Maria von Magdala.

O Gott, Macht der Machtlosen,
Du hast Dir diejenigen zu Zeugen erwählt,
deren Stimme nicht gehört wird.
So verkündeten Frauen die Auferstehung zuerst,
obwohl ihnen nicht geglaubt wurde.
Gib auch uns den Mut,
auf der Verkündigung Deines Werkes zu bestehen
in der Kraft Jesu Christi, Amen.

(Lk 24, 1–11: Die Apostel verweigern den Berichten der Frauen den Glauben.)

1. SONNTAG NACH OSTERN

Auferstandener Christus,
dessen Abwesenheit uns gelähmt zurückläßt
und dessen Gegenwart uns überwältigt.
Hauche uns an
mit Deinem überfließenden Leben,
daß wir dort, wo wir nichts sehen,
den Mut haben zu glauben,
und auferstehen mit Dir, Amen.

Jo 20, 19–29: Der zweifelnde Thomas.

2. SONNTAG NACH OSTERN

O Gott, dessen Zuspruch wir vermissen,
und den wir nicht loslassen wollen.
Auf unserem alltäglichen Weg
laß unsere Herzen in der Einsicht entbrennen,
daß wir Dich im gebrochenen Brot begreifen
und dann auch gehen lassen können.
So können wir zurückkehren,
um Dein Wort des Lebens zu sprechen,
im Namen Jesu Christi, Amen.

Lk 24, 13 – 35: Die Emmaus-Jünger.

3. SONNTAG NACH OSTERN

O Gott,
sogar im Moment der Verzweiflung
rufst Du uns und willst,
daß wir Verbundenheit wahren.
Gib uns den Glauben Marthas,
so daß wir auch in Ärger und Verlassenheit
die Klarheit finden, um Dich zu verkündigen,
unsere Auferstehung und unser Leben,
durch Jesus Christus, Amen.

Jo 11, 17 – 27: Das Bekenntnis Marthas.

4. SONNTAG NACH OSTERN

Christus, unser Freund,
Du bittest um unsere Liebe,
obwohl wir Dich verraten.
Gib uns den Mut, Vergebung anzunehmen,
Dich wieder zu kennen,
und in Dir uns selbst zu vertrauen,
Amen.

Jo 21, 15 – 22: Jesus und Petrus.

5. SONNTAG NACH OSTERN

O Gott, nach dem wir uns sehnen,
so wie sich eine Frau in den Wehen
nach der Entbindung sehnt.
Gib uns den Mut zu warten,
die Kraft zu drängen,
und die Einsicht in die richtige Stunde;
damit wir Deinen Frieden und Deine Freude
in die Welt bringen können,
durch Jesus Christus, Amen.

Jo 16, 12 – 24. (Röm 8, 18 – 25).

CHRISTI HIMMELFAHRT

O Gott,
Du entziehst Dich unseren Augen,
damit Du durch unsere Liebe
erkannt werden kannst.
Hilf uns, in die Wolke einzudringen,
in der Du Dich verbirgst,
und unterwirf all' unsere Sicherheit
der Dunkelheit des Glaubens
an Jesus Christus, Amen.

Apg 1, 1–11: Himmelfahrt.

SONNTAG NACH HIMMELFAHRT

Christus, unser Geliebter,
an dem wir versuchen, uns festzuhalten.
So wie Du uns in der Tiefe berührt
und uns zur Liebe zu Dir hingezogen hast,
so mache uns auch bereit, Dich loszulassen;
damit Du mit unerwarteter Macht zurückkehren
und durch uns die Welt verändern kannst,
in Deinem Namen, Amen.

Lk 24, 45–53.

PFINGSTEN

Geist der Wahrheit,
den die Welt niemals erfassen kann,
wecke unsere Herzen auf
im Erschrecken vor Deinem Kommen,
erfülle uns mit Verlangen,
nach Deinem aufrüttelnden Frieden,
und entzünde in uns die Sehnsucht
Dein unfaßliches Wort zu sprechen,
durch Jesus Christus, Amen.

Apg 2, 1 – 21: Pfingsten. Jo 14, 15 – 26. Jo 20, 19 – 23.

1. SONNTAG NACH PFINGSTEN

O Gott, unser Geheimnis,
Du bringst uns ins Leben,
Du rufst uns zur Freiheit,
Du bist die Liebe, die sich zwischen uns bewegt.
Laß uns am Tanz Deiner Dreifaltigkeit teilhaben,
so daß unser Leben in Deiner Schwingung klingt,
jetzt und in Ewigkeit, Amen.

2. SONNTAG NACH PFINGSTEN

O Gott, an dessen Tisch
wir nicht mehr länger Fremde sind.
Laß uns Deinen Ruf nicht
aus Angst oder Stolz zurückweisen,
sondern uns Dir mit der Zuversicht nähern,
unsere Heimat in Dir zu finden,
durch Jesus Christus, Amen.

Lk 14, 15 – 24: Das Gleichnis vom großen Gastmahl. 1 Petr 2, 1 – 10. Apg 2, 37 – 47. (Eph 2, 19 – 20).

3. SONNTAG NACH PFINGSTEN

O Christus, nach dem wir suchen,
Du unsere Hilfe, wenn alle Hilfe versagt hat,
gib' uns den Mut,
unsere Bedürftigkeit zu zeigen
und um Ganzheit zu bitten,
damit wir durch Deine Berührung
zu neuem Leben erweckt werden,
in der Kraft Deines Namens, Amen.

Lk 8, 41 – 56. (Mk 5, 21 – 43): Heilung einer blutflüssigen Frau und Auferweckung der Tochter des Jairus.

4. SONNTAG NACH PFINGSTEN

O Gott, der Du die Sünder liebst,
Du feierst unsere Umkehr
so wie eine Frau sich
mit ihren Freundinnen freut.
Wo wir verloren sind, gehe uns nach,
und wo wir verschlossen sind,
beanspruche uns als Dein Eigen,
so daß wir gemeinsam
zu einer Zierde für Deine Schönheit werden,
durch Jesus Christus, Amen.

Lk 15, 1 – 10: Die verlorene Drachme.

5. SONNTAG NACH PFINGSTEN

O Gott, dem zu folgen heißt,
das ganze Leben aufs Spiel zu setzen.
So wie Ruth und Naomi
in Liebe aneinander festhielten
und die Wege der Vergangenheit aufgaben,
so mögen auch wir uns nicht getrennt,
sondern gemeinsam auf die Reise
in das unbekannte Land begeben,
in das Du uns führen wirst,
durch Jesus Christus, Amen.

Rt 1, 8 – 17.

6. SONNTAG NACH PFINGSTEN

Gott, unser Vater,
Du entwaffnest unser Urteil
mit Deiner maßlosen Gnade,
und die Strafe, die wir erwarten,
verwandelst Du in eine Feier über unsere Umkehr.
Befreie uns von unserem Selbsthaß
und umarme unsere Verstocktheit,
damit auch wir der verbitterten Welt
eine solche Väterlichkeit erweisen können,
durch Jesus Christus, Amen.

Lk 15, 11 – 32: Der verlorene Sohn.

7. SONNTAG NACH PFINGSTEN

Gott, unser Geliebter,
in dessen Arm wir gehalten
und von dessen Leidenschaft wir erkannt werden.
Fordere auch von uns diese Liebe,
die voller Verlangen ist,
sich an der Wahrheit freut
und nicht weniger als alles kostet,
durch Jesus Christus, Amen.

Hos 11, 1 – 9. 1 Kor 13. Dt 10, 12 – 11, 1. Mk 12, 28 – 34: Die Frage nach dem größten Gebot.

8. SONNTAG NACH PFINGSTEN

Christus, unser Lehrer,
jenseits aller Vernunft forderst Du uns auf,
unsere Feinde zu lieben
und für die, die uns bedrängen, zu beten.
Laß uns diese Torheit umarmen –
nicht aus Unterwürfigkeit, sondern aus Stärke,
damit uneingeschränkte Großmütigkeit
in unseren Schoß gegossen werde,
durch Jesus Christus, Amen.

Lk 6, 27–38.

9. SONNTAG NACH PFINGSTEN

Gott, unsere Sicherheit,
die allein uns gegen die Mächte und Gewalten,
die unsere Zeit beherrschen,
verteidigen kann,
laß uns unser Vertrauen nicht in Waffen setzen,
es sei denn in die Rüstung des Glaubens.
So werden wir im Sterben das Leben finden
und, indem wir nichts haben,
die Welt besitzen,
durch Jesus Christus, Amen.

Eph 6, 10–20. 2 Kor 6, 3–10.

10. SONNTAG NACH PFINGSTEN

Christus Jesus,
dessen Herrlichkeit wie ein Salböl
ausgegossen wurde,
und der um unseretwillen
die Gestalt eines Sklaven angenommen hat;
laß auch uns unsere Liebe ausgießen
mit heiliger Verschwendung,
so daß unser Leben Deinen Duft verströmen möge,
Amen.

Lk 7, 36 – 50: Jesus und die Frau, die viel liebt. Phil 2, 1 – 11.

11. SONNTAG NACH PFINGSTEN

Christus,
Du hast uns für den Dienst an Deiner Botschaft
nicht mit Verzagtheit, sondern mit Kraft erfüllt.
Hilf uns, in unserem Körper,
an Deiner verwundeten Menschlichkeit
teilzuhaben,
so daß wir leibhaft
von Deinem auferstandenen Leben künden,
Amen.

2 Kor 4, 1 – 10. (2 Tim 1,7).

12. SONNTAG NACH PFINGSTEN

Unbekannter Gott,
Du hast uns im Schoß unserer Mutter
zu Deinem Ruhm geformt.
Gib uns ein Herz, das nach Dir verlangt,
die Gnade, Dich in der Welt zu finden,
und den Mut, Dich zu verkündigen,
durch den Einen, den Du geliebt hast,
vor Grundlegung der Welt,
unseren Erlöser, Jesus Christus, Amen.

Js 49, 1 – 6. Jo 17, 20 – 26. Apg 17, 22 – 34: Rede des Paulus vor dem Areopag. (Jr 1, 4 – 8).

13. SONNTAG NACH PFINGSTEN

Gott der Wahrheit und des Schreckens,
dessen Wort wir mit Behaglichkeit
weder sprechen noch erfassen können;
gib uns den Mut, das Feuer freizusetzen,
das Du in unser Gebein eingeschlossen hast,
und die Kraft in Deinem Geiste,
dem Verzehren der Flammen zu widerstehen,
durch Jesus Christus, Amen.

Jr 20, 7 – 11. Mt 10, 16 – 22.

14. SONNTAG NACH PFINGSTEN

Gott der Nähe,
Du umgibst uns mit Freunden und Familie,
damit wir uns gegenseitig achten
und herausfordern.
Mögen wir
in den einzelnen Situationen unseres Lebens
auf solche Weise Zuneigung geben und empfangen,
daß wir dabei auch Deinem Anspruch gegenüber treu bleiben,
durch Jesus Christus, Amen.

Lk 11, 1 – 13: Das Vaterunser. Das Gleichnis vom bittenden Freund.

15. SONNTAG NACH PFINGSTEN

Heiliger Gott,
dessen Macht der Prüfstein
für alle menschliche Machtausübung ist.
Gib uns die Gnade zu gehorchen,
wo wir zur Solidarität aufgerufen sind,
und den Mut zu widerstehen,
wo Deine Gerechtigkeit auf dem Spiel steht,
durch Jesus Christus, Amen.

Mt 14, 1 – 12: Hinrichtung des Täufers.

16. SONNTAG NACH PFINGSTEN

Heiliger Gott,
Dein Name wird dort nicht geehrt,
wo Notleidenden nicht gedient wird
und wo Ohnmächtige
mit Verachtung behandelt werden.
Laß uns unseren Nächsten
mit derselben Zärtlichkeit umarmen,
derer auch wir bedürfen,
so daß Deine Gerechtigkeit
in der Liebe erfüllt wird,
durch Jesus Christus, Amen.

Lv 19, 9–18. Lk 10, 25–37: Das Gleichnis vom barmherzigen Samariter.
1 Jo 4, 15–21. Lk 16, 19–31: Der reiche Mann und der arme Lazarus.

17. SONNTAG NACH PFINGSTEN

Gott allen Vertrauens,
mögen wir, die den Glauben an Dich bekennen,
ihn mit unserem Leben unter Beweis stellen;
mit überfließender Freude,
grenzenloser Hoffnung
und in Abhängigkeit von nichts anderem,
als von Deinem Wort allein,
durch Jesus Christus, Amen.

Jr 32, 6–15: Der Kauf eines Ackers in Anatot. Lk 7, 1–10: Heilung des Knechtes eines Hauptmanns.

18. SONNTAG NACH PFINGSTEN

Gott der Ganzheit,
Du hast uns mit Seele und Leib erschaffen,
damit unsere Werke und unser Glauben eins seien.
Mögen wir Dir unsere Gebete
aus einem Leben der Echtheit darbringen
und das Grundmuster dieser Welt bewahren,
mit Herzen, die auf Dich gerichtet sind,
durch Jesus Christus, Amen.

Sir 38, 24 – 34.

19. SONNTAG NACH PFINGSTEN

O Gott, vor dessen Antlitz
wir nicht gerechtfertigt sind,
selbst wenn wir recht haben.
Befreie uns von dem Drang,
uns in ängstlichem Bemühen
selbst zu rechtfertigen,
damit wir dem Glauben an Dich allein
preisgegeben sind,
durch Jesus Christus, Amen.

Mt 6, 24 – 34: Die Lilien des Feldes. Röm 5, 1 – 11: Rechtfertigung.

20. SONNTAG NACH PFINGSTEN

O Gott, mit dem wir
bis zum Anbruch des Tages ringen,
laß uns danach verlangen, nach Deinem Antlitz
über die Grenzen unserer Kraft hinaus zu suchen;
so daß wir in unseren Verletzungen
an Dich erinnert werden
und durch Deine Segnung
uns selbst finden,
durch Jesus Christus, Amen.

Gn 32, 23 – 30: Der Kampf mit Gott.

21. SONNTAG NACH PFINGSTEN

Gerechter Gott,
Du vertrittst die Sache
der Armen und der Schutzlosen.
Erfülle uns mit heiligem Zorn,
wenn Gerechtigkeit aufgeschoben wird,
und gib uns Beharrlichkeit,
die Rechte einzuklagen, die mißachtet werden,
um Deines Namens willen, Amen.

Lk 18, 1 – 8: Der ungerechte Richter und die unbequeme Witwe.

22. SONNTAG NACH PFINGSTEN

Gott der Krise,
Du legst uns
Segen oder Fluch vor Augen.
In unserer Verwirrung
gib uns Klarheit
und in unserem Zögern den Mut,
entschlossen den Weg zu wählen,
der zu Dir führt,
durch Jesus Christus, Amen.

Dt 11, 18 – 28. 1 Jo 2, 22 – 29.

LETZTER SONNTAG IM PFINGSTKREIS

Gott, unsere Sehnsucht,
nach dessen Kommen wir Ausschau halten,
und dessen Ankunft doch unerwartet ist.
Hier in der Dunkelheit laß uns darauf drängen,
Dir zu begegnen,
und öffne Dich unserem Verlangen,
so daß wir von Dir erkannt werden,
durch Jesus Christus, Amen.

Mt 25, 1 – 13: Das Gleichnis von den zehn Jungfrauen.

BESCHNEIDUNG DES HERRN

Christus, unser Bruder,
in Dir ist nicht Jude noch Heide,
da ist nicht Mann und Weib.
Dennoch hast Du das Zeichen des Bundes
empfangen
und die kostbare Last des Gesetzes
auf Dich genommen.
So mögen auch wir
unseren je eigenen Kampf
und die uns gegebenen Verheißungen annehmen,
damit auch wir Grenzen überwinden können,
in deinem Namen, Amen.

Lk 2, 15 – 21. (Gal 3, 28).

DARSTELLUNG DES HERRN

Christus, unser Eckstein,
Du bist bei Deiner Darstellung im Tempel
erkannt worden,
als ein Zeichen der Hoffnung für die Welt,
aber auch als Stein des Anstoßes.
Mögen wir uns so mit unserem Körper wie mit
unserem Geist
in Deinen Dienst stellen,
daß wir an Deinem Ärgernis teilhaben
und dadurch zu einem Volke werden,
das bei Dir Annahme finden kann
in Deinem Namen, Amen.

1 Petr 2, 1 – 10. Lk 2, 22 – 35: Darstellung Jesu im Tempel.

VERKÜNDIGUNG

O Gott,
Du erfüllst unser Verlangen
über das Maß, das wir ertragen können, hinaus.
So wie Maria trotz ihres Erschreckens
in Deine zärtliche Verheißung einwilligte,
so mögen auch wir uns öffnen,
um Dein Leben in uns zu tragen,
durch Jesus Christus, Amen.

Lk 1, 26 – 38.

JULIANE VON NORWICH (8. MAI)

Christus, unsere wahre Mutter,
Du hast uns in Dir getragen,
hast mit uns im Geburtsschmerz gelegen,
und hast uns zu großer Freude hervorgebracht.
Schließe uns in Deine Sorge ein,
damit wir nicht fallen, wenn wir stolpern,
und nicht vom Bösen überwältigt werden,
und damit wir wissen, daß alles gut wird,
Amen.

Lk 13, 34.

MARIÄ HEIMSUCHUNG

O Gott, unser Befreier,
Mächtige wirfst Du zu Boden,
und die, die nicht zählen, erhebst Du.
So wie Maria und Elisabeth sich umarmten,
mit Liedern der Befreiung,
so mögen auch wir mit Deinem Geist schwanger
gehen
und uns gegenseitig in der Hoffnung
für die Welt bestärken,
durch Jesus Christus, Amen.

Lk 1, 39–49.

FRONLEICHNAM

O Gott, Du hast Fleisch angenommen,
um uns nahe zu sein.
Mögen wir Dich also schmecken und berühren,
so daß wir Deinen Leib in der Welt
wahrnehmen und feiern können,
durch Jesus Christus, Amen.

1 Kor 11, 23–29.

MARIA MAGDALENA (22. JUNI)

Christus, unser Heiland,
der von Frauen geliebt
und im Gedächtnis bewahrt wurde,
sprich zu dem Gram,
in dem wir Deine Botschaft vergessen,
und zu dem Grauen, in dem wir versuchen,
die Vergangenheit festzuhalten,
so daß wir Dir in Klarheit entgegentreten
und Dein auferstandenes Leben verkünden
können, Amen.

(Lk 8, 1 – 3: Jesus heilt Maria.) Jo 20, 11 – 18: Maria am leeren Grab.

VERKLÄRUNG (6. AUGUST, HIROSHIMA)

Christus, unser einziges, unser wahres Licht,
vor dessen strahlender Wolke
Deine Freunde zu Boden fielen.
Wir beugen uns vor Deinem Kreuz,
so daß wir in unserem Leib die Erinnerung
an die Toten bewahren, die wie Schatten fielen.
Wir beugen uns vor Deinem Kreuz,
damit wir uns weigern können,
von den falschen Strahlen
irgend eines anderen Lichts
niedergeworfen zu werden.
Den Blick auf Deine Macht allein gerichtet,
erhoffen wir die Auferstehung der Toten, Amen.

Lk 9, 28 – 36. (Mk 9, 2 – 13. Mt 17, 1 – 13): Verklärung.

ERNTEDANK

Gott, unser Schöpfer,
Du hast uns als Teil der Erde erschaffen,
damit wir sie bewahren und Frucht hervorbringen.
Mögen wir alles, was Leben aus Dir hat,
so hoch achten und schätzen,
daß wir an den Geburtswehen
der ganzen Schöpfung teilhaben,
um Deine verborgene Herrlichkeit
ans Licht zu bringen,
durch Jesus Christus, Amen.

Gn 1, 1–3; 24–31. (Gn 2, 4–9. Röm 8, 18–25).

HILDA, ÄBTISSIN VON WHITBY (17. NOVEMBER)

Gott, unsere Vision,
im Schoß unserer Mutter
hast Du uns zu Deinem Ruhme gebildet.
So wie Deine Dienerin Hilda
wie ein Juwel in der Kirche erstrahlte,
so mögen auch wir in Anspruch nehmen,
daß ihre Gaben, Urteilskraft und Inspiration,
in den Frauen dieser Zeit widergespiegelt werden,
durch Jesus Christus, Amen.

Jr 1, 4–10.

ANDREAS (30. NOVEMBER)

Christus, dessen eindringlicher Ruf
unser geordnetes Leben aufstört.
Gib uns die Wahrnehmungskraft, Dein Wort zu hören,
die Gnade, von unseren Absichten zu lassen,
und den Mut, Dir mit leeren Händen zu folgen,
wohin Du uns auch führen magst,
so daß die Stimme Deines Evangeliums,
die Enden der Welt erreiche,
Amen.

Mt 4, 12 – 20: Berufung von Simon und Andreas. Röm 10, 12 – 18.

UNSCHULDIGE KINDER (28. DEZEMBER)

Gott der Besitzlosen,
Beschützer der Hilflosen,
Du trauerst mit allen Frauen, die weinen,
weil ihre Kinder nicht mehr sind.
Mögen auch wir solange allen Trost zurückweisen,
bis die Gewalt der Starken
gebrochen ist,
und bis alle Opfer befreit worden sind,
im Namen Jesu Christi, Amen.

Mt 2, 13 – 18: Der Kindermord in Betlehem. 1 Kor 1, 26 – 29.

Gebete, wenn etwas zu Ende geht

O Gott, unser Trost und unsere Herausforderung,
dessen Gegenwart immer zuverlässig
und immer unerwartet ist;
gib uns die Gnade,
über das, was zu Ende geht, zu trauern,
ohne zu verzweifeln,
und unserer neuen Berufung zu folgen,
ohne Deine Stimme zu vergessen,
durch Jesus Christus, Amen.

SEGEN FÜR EINE PERSON, DIE AUS DEM BERUFSLEBEN AUSSCHEIDET

Möge Gott, die am siebten Tage ruhte,
um sich an Ihrer Schöpfung zu erfreuen,
dich in Ihren Armen halten,
so wie du deine Arbeit gehalten hast.
Feiere mit uns das Leben,
welches Leben von dir nimmt,
und das dir die Gnade geben möge,
dich für eine neue Freiheit zu öffnen,
Amen.

FÜR STERBENDE

O Gott, die uns zur Welt gebracht hat,
und in deren Armen wir sterben;
wir vertrauen unsere geliebte Schwester*
Deiner Umarmung an.
Gewähre ihr* Erlösung von ihren* Schmerzen,
Mut, der Dunkelheit zu begegnen,
und die Gnade, sich ins neue Leben loszulassen,
durch Jesus Christus, Amen.

* hier ist auch entsprechend die männliche Form einzusetzen.

AUF EINER BEERDIGUNG

O Gott, die Du uns zur Welt gebracht hast,
und in deren Armen wir sterben.
In unserer Trauer und unserem Entsetzen
halte uns fest und tröste uns.
Umfange uns mit Deiner Liebe,
gib uns Hoffnung in unserer Verwirrung
und Gnade, neues Leben zuzulassen,
durch Jesus Christus, Amen.

Gebet im Dunkel des Wartens

Für die Dunkelheit des Wartens,
des Nichtwissens, was auf uns zukommt,
des Bereitseins in Ruhe und Aufmerksamkeit,
preisen wir Dich, o Gott,
denn Dunkelheit und Licht
sind vor Dir gleich.

Für die Dunkelheit des Schweigens,
für den Schrecken, wortlos zu sein,
und den größeren Schrecken,
keine Worte zu brauchen,
preisen wir Dich, o Gott,
denn Dunkelheit und Licht
sind vor Dir gleich.

Für die Dunkelheit des Liebens,
in der wir sicher sind, wenn wir uns ausliefern,
wenn wir jede Verteidigung aufgeben
und unser Verlangen nicht mehr zurückhalten,
preisen wir Dich, o Gott,
denn Dunkelheit und Licht
sind vor Dir gleich.

Für die Dunkelheit der Entscheidung,
in der Du uns eine Zeit gibst
zu sprechen, zu handeln und zu verändern,
wo wir nicht wissen,
was wir in Bewegung gesetzt haben,
und dennoch das Wagnis auf uns nehmen müssen,
preisen wir Dich, o Gott,
denn Dunkelheit und Licht
sind vor Dir gleich.

Für die Dunkelheit der Hoffnung
in einer Welt, die nach dir verlangt,
für das Stöhnen und Ringen der ganzen Schöpfung
nach Gerechtigkeit und Freiheit
preisen wir Dich, o Gott,
denn Dunkelheit und Licht
sind vor Dir gleich.

Diese Litanei wurde im Advent 1985 zuerst für die Liturgiegruppe ‚Women in Theology' geschrieben; am 18. 04. 1986 wurde sie in der Kathedrale von Canterbury in einer ‚Liturgie der Hoffnung' gesprochen.

Hymne an die Weisheit

Meine Seele hungert nach Weisheit,
nach nichts anderem verlangt mein Herz so sehr.
Sie hat die Tiefen des Abgrunds durchschritten,
seine Grenzen hat Sie abgemessen;
denn Sie war da, von Anbeginn,
und alles, was ist, kam durch Sie zum Sein.
Sie spielte vor der Schöpfung,
als die Welt erschaffen wurde,
und von Ihren Händen
werden alle Dinge zusammengehalten.
Sie tanzte über dem Antlitz der Tiefe,
und alles was Atem hat,
ist von Ihrem Leben erfüllt.
Das Geheimnis der Schöpfung ist in Ihrer Gewalt,
doch gefällt es Ihr wohl, Ihre Wege kundzutun.

Auf den Straßen der Stadt ruft die Weisheit
und in den Gassen begegnet Sie den Vorbeigehenden,
an den Toren des Lagers singt Sie im Triumph
und in den Gerichtshöfen erhebt Sie Ihre Stimme
Sie nimmt Stellung für die Ängstlichen
und Zaghaften,
und aus dem Munde der Kinder
kann man Sie sprechen hören.
Bei den Törichten schreit Sie laut auf,
damit sie hören,
und die Weisen achten auf Ihre Worte.

Aber die Ihren erkennen Sie nicht,
und die, die Ihrer bedürfen,
haben Sie ausgestoßen;
Sie wurde zur Seite geschoben, wie die Armen,
und gebrochen, wie die, die nicht zählen.

Daher verläßt Sie die,
die sich selbst weise dünken
und nimmt Wohnung bei allen,
die bereit sind, Sie aufzunehmen.
Denn Sie erfreut sich an der Wahrheit
und haßt die Wege des Betrugs;
Ihre Ganzheit ist begehrenswerter
als alle Behaglichkeit,
und wertvoller als jede Sicherheit
ist Ihr Erkennen.
In Ihr allein
ist das Leben der Menschheit zu finden,
daher will ich sie suchen solange ich lebe.
Denn wer von der Weisheit genährt wird,
den wird niemals hungern,
und wer von Ihr trinkt,
der wird keinen Durst mehr verspüren.

Diese Hymne wurde im Anschluß an eine Tagung des Predigtkurses ‚Peace Preaching Course' zum Thema ‚Und das Wort ist Fleisch geworden' geschrieben, welcher im Juli 1987 in Oxford stattfand.
Die Hymne kann antiphonisch im Wechsel gesprochen werden.

Bekenntnis des Glaubens

O Gott, Du Quelle unseres Lebens,
und Ziel all' unserer Sehnsucht,
wir glauben, und wir vertrauen Dir.
Die ganze Erde ist in Deiner Pracht lebendig,
und alles was lebt, wird von Dir erhalten.
Wir geloben, Deine Welt zu bewahren,
und nach Deinem Antlitz zu suchen.

O Gott,
verkörpert in der Gestalt eines Menschen,
wir glauben, und wir vertrauen Dir.
Jesus, unser Bruder, von einer Frau geboren,
Du hast Dich den Stolzen und
Mächtigen entgegengestellt
und die, die nicht zählen,
als Freunde angenommen.
Heilige Weisheit Gottes,
Erstgeborene der Schöpfung,
Du selbst hast Dich der Macht entledigt,
und bist um unseretwillen zur Torheit geworden.
Am Kreuz hast Du mit uns
den Geburtsschmerz ertragen,
und in der Auferstehung hast Du uns
zur Hoffnung neuen Lebens geboren.
Wir geloben, das Böse zu bekämpfen,
und das Leben zu wählen.

O Gott, lebensspendender Geist,
Geist der Heilung und des Trostes,
der Ganzheit und der Wahrheit,
wir glauben, und wir vertrauen Dir.
Sanftgeflügelter Geist,
der über der Schöpfung schwebt,
brausender Wind und pfingstliches Feuer,
wir geloben, mit Dir zu wirken
und unsere Welt zu erneuern.

Dieses Bekenntnis des Glaubens und das folgende Bekenntnis der Schuld wurde für den regulären Gebrauch der Liturgie-Gruppe ,Women in Theology' geschrieben und überarbeitet.

Bekenntnis der Schuld

O Gott, Du hast uns erforscht und erkannt,
und alles, was wir sind, ist Dir offenbar.
Wir bekennen, daß wir gesündigt haben:
Wir haben unsere Macht benutzt,
um zu beherrschen
und unsere Schwäche, um zu erpressen.
Wir sind der Verantwortung ausgewichen
und haben uns dem Bösen nicht entgegengestellt.
Wir haben unsere Würde
und die unserer Schwestern verleugnet
und sind in Verzweiflung gefallen.

Dir wenden wir uns zu, o Gott;
wir widersagen dem Bösen;
Deiner Liebe geben wir uns anheim,
so daß wir Ganzheit erlangen.

Litanei der Reue

Ein Mann: Laßt uns unsere Schuld bekennen:
Wir haben die Autorität der Frauen geleugnet
und ihren Begabungen Grenzen gesetzt.
Wir haben die Stärke der Frauen unterdrückt
und ihren Schmerz verdrängt.
Aber nichts ist verschleiert,
das nicht offenbar werden wird.

Männer: Und nichts ist verborgen,
was nicht bewußt werden wird.

Eine Frau: Wir haben die Autorität der Frauen
untergraben
und unseren Begabungen Grenzen gesetzt.
Wir haben die Stärke der Frauen unterdrückt
und unseren Schmerz verdrängt.
Aber nichts ist verschleiert,
das nicht offenbar werden wird.

Frauen: Und nichts ist verborgen,
was nicht bewußt werden wird.

Ein Mann: Wir haben die gefürchtet,
die anders als wir sind;
wir haben uns geweigert,
unsere Schwäche wahrzunehmen.
Wir haben einen Teil

von unserem Selbst unterdrückt.
Aber nichts ist verschleiert,
was nicht offenbar werden wird.

Männer: Und nichts ist verborgen,
was nicht bewußt werden wird.

Eine Frau: Wir haben die gefürchtet,
die wie wir sind;
wir haben uns geweigert,
unsere Stärke wahrzunehmen.
Wir haben einen Teil von uns selbst unterdrückt.
Aber nichts ist verschleiert,
das nicht offenbar werden wird.

Frauen: Und nichts ist verborgen,
was nicht bewußt werden wird.

Ein Mann: Wir haben die Weisheit Gottes
abgelehnt
und uns geweigert, Ihr Antlitz zu suchen.

Eine Frau: Wir haben uns von Ihrem Bilde
abgewendet
und unser Wissen von Ihr zurückgehalten.
Aber fürchtet euch nicht;
denn nichts ist verschleiert,
das nicht offenbar werden wird.

Alle: Und nichts ist verborgen,
was nicht bewußt werden wird.

Litanei des Segens

FÜR FRAUEN, DIE EIN AMT ÜBERNEHMEN

Eine Frau: Gesegnet ist die, die glaubte, daß sich erfüllen wird, was der Herr zu ihr gesprochen hat.

Frauen: Du bist gesegnet unter den Frauen.

Ein Mann: Mögest du mit der Stimme der Sprachlosen sprechen und denen, die verzweifelt sind, Mut einflößen.

Männer: Du bist gesegnet unter den Frauen.

Eine Frau: Mögest du den an Seele und Geist Hungrigen Nahrung geben und die, die leer sind sättigen.

Frauen: Du bist gesegnet unter den Frauen.

Ein Mann: Mögest du stark sein, um dich der Ungerechtigkeit zu widersetzen und mächtig, um die Arroganz der Hochmütigen zurückzuweisen.

Männer: Du bist gesegnet unter den Frauen.

Eine Frau: Mögest du nicht allein bleiben, sondern in deinem Kampf Beistand finden, und Schwestern, die sich mit dir freuen.

Frauen: Du bist gesegnet unter den Frauen.

Die Litanei der Reue und die Litanei des Segens wurde für einen Festgottesdienst geschrieben, welcher am 31. März 1987 in der Kirche St. Mary-le-Bow/London stattfand und der den Zugang heiliger Weihen für Frauen in der Diözese von London markieren sollte. Während des Schuldbekenntnisses, das von der Gemeinde gesprochen wurde, befanden sich die neuen weiblichen Diakone in einer Seitenkapelle. Zum Empfang des Segens der Gemeinde kamen sie in einer Prozession heraus.

Gebete zur Eucharistiefeier

Ewige Weisheit, Quelle unseres Daseins
und Ziel unserer Sehnsucht,
wir preisen Dich und sagen Dir Dank.
Du hast uns geschaffen als Frau und Mann,
gemeinsam nach Deinem Bilde,
um Deine Welt liebend zu bewahren
und um nach Deinem Antlitz zu suchen.
Als wir noch hilflos waren,
gespalten und entstellt durch die Sünde,
hast Du Dich Deiner Macht entäußert
und unser schutzloses Fleisch angenommen.
Du hast am Kreuz
den Geburtsschmerz mit uns ertragen
und uns zur Hoffnung neuen Lebens geboren.

Daher preisen wir Dich mit der Frau,
die Dich gebar,
mit den Frauen, die Deine Freundinnen waren,
und die Dich nährten,
die mit Dir redeten und stritten,
und die Dich berührten.
Wir preisen Dich mit der Frau,
die Dich vor Deinem Tode salbte,
mit den Frauen,
die Dir, auferstanden von den Toten, begegneten,
und mit allen,
die Dich durch die Jahrhunderte hindurch liebten.
Wir preisen Dich und rufen:

Heilig, heilig, heilig,
verwundbarer Gott,
erfüllt sind Himmel und Erde
von Deiner Hoheit und Pracht;
Hosanna in der Höhe.
Hochgelobt sei der, der da kommt
im Namen Gottes;
Hosanna in der Höhe.

Hochgelobt sei unser Bruder Jesus,
der vor seinem Leiden aus ganzer Seele
danach verlangte,
mit seinen Jüngern
das Passahmahl der Befreiung zu halten;
der in der Nacht, in der er ausgeliefert wurde,
Brot nahm, das Dankgebet sprach,
das Brot brach und sagte:
‚Das ist mein Leib,
der für euch hingegeben wird.
Tut dies zu meinem Gedächtnis.'
Ebenso nahm er nach dem Mahle den Kelch und
sagte:
‚Dieser Kelch ist der Neue Bund in meinem Blut.
Tut dies, sooft ihr daraus trinkt,
zu meinem Gedächtnis.'

Christus ist gestorben.
Christus ist erstanden.
Christus wird wiederkommen.

Indem wir dieses Brot essen und aus diesem Kelch trinken, verkünden wir daher den Tod Christi bis er wiederkommt.
In dem gebrochenen Leib und dem vergossenen Blut bringen wir die gebrochenen und vergessenen Opfer der Tyrannei und Sünde ins Gedächtnis und in die Hoffnung zurück,
und wir verlangen nach dem Brot von morgen
und dem Wein der kommenden Zeit.
Komm, lebensspendender Geist unseres Gottes,
überschatte diese irdischen Gaben
und mache uns zu einem Leib in Christus;
so daß wir mit der Schöpfung wirken,
und aus der Knechtschaft des Verderbens
zur herrlichen Freiheit
der Kinder Gottes befreit werden.

HOCHGEBET FÜR HEILIGABEND

O ewige Weisheit,
wir preisen Dich und sagen Dir Dank,
denn Du hast Dich selbst der Macht entäußert
und bist um unseretwillen zum Toren geworden;
denn in dieser Nacht
bist Du als einer von uns zur Welt gekommen,
ein Kind, nackt und hilfsbedürftig,
bedeckt vom Blut einer Frau;
in Armut und Exil hineingeboren,
um den Armen die frohe Botschaft zu verkünden,
und um die Gefesselten zu befreien.

Daher preisen wir Dich mit der Frau, die Dich gebar, mit den Frauen, die Deine Freundinnen waren, und die Dich nährten, die mit Dir redeten und mit Dir stritten, und die Dich berührten. Wir preisen Dich mit der Frau, die Dich vor Deinem Tode salbte, mit den Frauen, die Dir, auferstanden von den Toten, begegneten, und mit allen, die Dich durch die Jahrhunderte hindurch liebten. Wir preisen Dich und rufen:

Heilig, heilig, heilig,
verwundbarer Gott,
erfüllt sind Himmel und Erde von Deiner Hoheit
und Pracht;
Hosanna in der Höhe,
Hochgelobt sei der da kommt im Namen Gottes;
Hosanna in der Höhe.

Hochgelobt sei unser Bruder Jesus, Gebein von unserem Gebein und Fleisch von unserem Fleisch; der in der Nacht, in der er ausgeliefert wurde, Brot nahm, das Dankgebet sprach, das Brot brach und sagte: ‚Das ist mein Leib, der für euch hingegeben wird. Tut dies zu meinem Gedächtnis.' Ebenso nahm er nach dem Mahl den Kelch und sagte: ‚Dieser Kelch ist der Neue Bund in meinem Blut. Tut dies, sooft ihr daraus trinkt, zu meinem Gedächtnis.' Indem wir dieses Brot essen und aus diesem Kelch trinken, verkünden wir daher den Tod des Herrn bis er wiederkommt.

Christus ist gestorben.
Christus ist erstanden.
Christus wird wiederkommen.

Komm jetzt, geliebter Geist Gottes,
umgib uns mit Deiner wohltuenden Macht.
Überschatte diese irdischen Gaben
und mache uns zu einem Leib in Christus.
So wie Marias Leib für Ihn gebrochen wurde
und ihr Blut vergossen,
so mögen auch wir Seine Gebrochenheit darstellen
für das Leben der Welt,
und so möge die Schöpfung ganz werden
durch die neue Geburt in Seinem Blut.

Dieses Gebet wurde für eine Eucharistie geschrieben, die im ‚Holy Trinity House' in Paddington von einer anglikanischen Pfarrerin gefeiert wurde, und an der ausschließlich Frauen teilnahmen. Die Meditation am Ende der Sammlung ‚In jener Nacht, als wir uns zur Geburt versammelten' entstand nach dieser Feier.

LITURGIE FÜR DIE FUSSWASCHUNG AM GRÜNDONNERSTAG

O ewige Weisheit,
wir preisen Dich und sagen Dir Dank,
denn Du hast Deine Macht
wie ein Kleidungsstück abgelegt
und die Gestalt eines Sklaven angenommen.
Du warst gehorsam bis zum Tod,
bis zum Tod am Kreuz.
Von einer Frau wurde Dir Vollmacht zugesprochen,
und Du empfingst Trost aus ihren Händen,
denn Gott erwählt das,
was in den Augen der Welt schwach ist,
um die Starken zu beschämen;
und Gott erwählt das,
was von der Welt als niedrig verachtet wird,
und sogar das, was nicht ist,
um Dinge, die sind, ins Nichts zu versetzen.

Daher preisen wir Dich mit der Frau,
die Dich gebar,
den Frauen, die Deine Freundinnen waren,
und die Dich nährten,
die mit Dir redeten und stritten,
und die Dich berührten.
Wir preisen Dich mit der Frau,
die Dich vor Deinem Tode salbte,
mit den Frauen,
die Dir, auferstanden von den Toten, begegneten,
und mit allen,
die Dich durch die Jahrhunderte hindurch liebten.
Wir preisen Dich und rufen:

Heilig, heilig, heilig,
verwundbarer Gott,
erfüllt sind Himmel und Erde
von Deiner Hoheit und Pracht;
Hosanna in der Höhe.
Hochgelobt sei der da kommt in Namen Gottes;
Hosanna in der Höhe.

Hochgelobt sei unser Bruder Jesus,
der in dieser Nacht vor dem Passahfest
vom Mahle aufstand, seine Kleider ablegte,
ein leinenes Tuch nahm, Wasser ausgoß
und seinen Jüngern die Füße wusch,
indem er sagte:
,Wenn nun ich, der Herr und der Meister,
euch die Füße gewaschen habe,
ist es auch eure Pflicht,
einander die Füße zu waschen.
Wenn ihr dies wißt –
selig seid ihr, wenn ihr es tut.'
Wenn ich euch nicht wasche,
habt ihr keine Gemeinschaft mit mir.

Herr, nicht meine Füße nur,
sondern auch die Hände und das Haupt.

Komm jetzt, Du sanfter Geist Gottes,
wasche uns, und mache uns
zu einem Leib in Christus,
so daß wir, verbunden
durch diese Geste der Liebe,
nicht länger in den Fesseln
der Mächte und Gewalten sind,
die die Schöpfung versklaven,
sondern Deinen befreienden Frieden erfahren,
den die Welt nicht geben kann.

(Diesem Gebet folgt die gegenseitige Waschung der Füße.)

Diese Liturgie wurde zuerst in der Vigil verwendet, die 1987 am Gründonnerstag im Greenham von einer Gruppe christlicher Frauen gefeiert wurde. Im Anschluß daran fand ein Passahmahl statt.

HOCHGEBET FÜR OSTERN

O ewige Weisheit,
wir preisen Dich und sagen Dir Dank,
denn die Schönheit des Todes
konnte Dich nicht festhalten;
Du brachest aus der tröstlichen Ruhe
des Grabes hervor,
vor Dir wurde der Stein zur Seite geschoben,
und das Grabgewölbe unserer Welt
wurde weit geöffnet.
Denn an diesem Tage
bist Du zur Macht erhoben worden
und hast Dich den Frauen
als ein geliebter Fremder geoffenbart.
Anstelle der Totenrituale
hast Du ihnen den Schrecken des neuen Lebens
und des erfüllten Verlangens angeboten.

Darum preisen wir Dich mit der Frau,
die Dich gebar,
mit den Frauen, die Deine Freundinnen waren,
und die Dich nährten,
die mit Dir redeten und stritten,
und die Dich berührten.
Wir preisen Dich mit der Frau,
die Dich vor Deinem Tode salbte,
mit den Frauen,
die Dir, auferstanden von den Toten, begegneten,
und mit allen,
die Dich durch die Jahrhunderte hindurch liebten.
Wir preisen Dich und rufen:

Heilig, heilig, heilig,
verwundbarer Gott,
erfüllt sind Himmel und Erde
von Deiner Hoheit und Pracht;
Hosanna in der Höhe.
Hochgelobt ist der da kommt im Namen Gottes;
Hosanna in der Höhe.

Hochgelobt sei unser Bruder Jesus,
der auf der Straße der Trauer mit uns geht,
und der im Brechen des Brotes erkannt wird;
der in der Nacht, in der er ausgeliefert wurde,
Brot nahm, das Dankgebet sprach,
das Brot brach und sagte:
‚Das ist mein Leib, der für euch hingegeben wird.
Tut dies zu meinem Gedächtnis.'
Ebenso nahm er nach dem Mahl den Kelch und sagte:
‚Dieser Kelch ist der Neue Bund in meinem Blute.
Tut dies, sooft ihr daraus trinkt
zu meinem Gedächtnis'.

Christus ist gestorben.
Christus ist erstanden.
Christus wird wiederkommen.

Komm jetzt, Du aufrüttelnder Geist Gottes,
hauche Deinen Atem auf diese irdischen Gaben
und mache uns zu einem Leib in Christus.
Öffne unsere Gräber,
nimm die Binde von unseren Augen,
und rufe uns bei unserem Namen;
berühre und heile alles,
was wir in uns begraben haben,
so daß wir uns nicht länger an unseren
Schmerz klammern,
sondern mit Kraft hinausgehen können,
um an der Auferstehung in der Welt mitzuwirken.

Dieses Gebet wurde für die ‚St. Hilda Community' in London geschrieben, eine Gruppe von Frauen und Männern, die regelmäßig zusammen die Messe feiern, und deren besonderes Anliegen es ist, das Amt der Frau in der Kirche zu bestätigen und zu feiern. Das Gebet wurde Ostern 1987 zum erstenmal gesprochen.

HOCHGEBET FÜR PFINGSTEN

O ewige Weisheit,
wir preisen Dich und sagen Dir Dank,
denn so wie Du Dich von alters her
geoffenbart hast,
in Feuer und Sturm und im Gesetz,
so hast du auch Deine Jünger
nicht ohne Trost zurückgelassen.
An diesem Tage bist Du über sie gekommen
in Donner, Wind und Flamme;
Du hast sie mit Klarheit und Macht erfüllt,
und trunken gemacht vor Sehnsucht,
Dein unfaßliches Wort auszusprechen.
Und jetzt hast Du Deinen Geist
über alles Fleisch ausgegossen,
so daß Deine Söhne und Töchter weissagen,
daß alt und jung ihre Träume teilen,
und daß sogar die Sklaven eine Stimme finden.

Daher preisen wir Dich
mit Elisabeth, die Deine Geburt voraussagte,
mit Maria, die für die Armen sang,
mit Martha, die Dich als den Christus bekannte,
mit den Frauen,
die Deine Auferstehung verkündeten,
und mit jeder namenlosen und vergessenen
Prophetin,
die Deinen Ruf hörte und ihr Volk aufweckte.
Wir preisen Dich und rufen:

Heilig, heilig, heilig,
erfüllt sind Himmel und Erde
von Deiner Hoheit und Pracht;
Hosanna in der Höhe.
Hochgelobt sei der da kommt im Namen Gottes;
Hosanna in der Höhe.

Hochgelobt sei unser Bruder Jesus,
der durch die Türen eintritt,
die wir verschlossen haben
und uns in unserer Furcht
mit Seinem erschreckenden Frieden anhaucht;
der in der Nacht, in der er ausgeliefert wurde,
Brot nahm, das Dankgebet sprach,
das Brot brach und sagte:
,Das ist mein Leib, der für euch hingegeben wird.
Tut dies zu meinem Gedächtnis.'
Ebenso nahm er nach dem Mahl den Kelch und sagte:
,Dieser Kelch ist der Neue Bund in meinem Blut.
Tut dies, sooft ihr daraus trinkt,
zu meinem Gedächtnis.'

Wir tragen den Tod Christi im Gedächtnis.
Wir verkünden die Auferstehung Christi.
Wir erwarten die Wiederkunft Christi.

Komm jetzt, Geist der Ganzheit,
der Sanftmut, der Gerechtigkeit und des Tanzes;
berühre unsere Sprachlosigkeit,
entzünde unser Verlangen,
durchbrich unser Schweigen
und laß unsere Worte in Deiner Wahrheit brennen,
so daß jede von den mächtigen Werken Gottes
in ihrer eigenen Sprache hören möge.

Dieses Gebet wurde für die ‚St. Hilda Community' geschrieben. Es wurde Pfingsten 1987 zum erstenmal verwendet.

Lobgesang

BENEDICITE OMNIA OPERA

Alle Werke Gottes, jauchzt eurem Schöpfer;
rühmt Sie und preist Sie in Ewigkeit.

Laßt die weite Erde den Schöpfer loben,
laßt die gewölbten Himmel den Schöpfer loben,
laßt den ganzen Leib Gottes den Schöpfer loben;
rühmt Sie und preist Sie in Ewigkeit.

Du wiederkehrendes Tageslicht,
lobe deinen Schöpfer,
Zwielicht und Schatten, lobt euren Schöpfer,
umarmende Dunkelheit, lobe deinen Schöpfer;
rühmt Sie und preist Sie in Ewigkeit.

Ihr Berge Gottes, mächtige und uralte Felsen,
lobt euren Schöpfer,
Täler und Wiesen, Moore und Flüsse,
lobt euren Schöpfer,
ihr Tiefen des Meeres und einsame Schluchten,
lobt euren Schöpfer;
rühmt Sie und preist Sie in Ewigkeit.

Sturm und brausender Wind,
lobt euren Schöpfer,
bittere Kälte und sengende Hitze,
lobt euren Schöpfer,
Nebel und Wolke und sanft fallender Regen,
lobt euren Schöpfer;
rühmt Sie und preist Sie in Ewigkeit.

Same und Schößling, Baum und leuchtende Blume,
lobt euren Schöpfer,
Grünes und Blühendes, Welkes und Kahles,
lobt euren Schöpfer,
ihr Zeiten des Erntens, des Wachsens
und Sterbens, lobt euren Schöpfer;
rühmt Sie und preist Sie in Ewigkeit.

Alle Geschöpfe Gottes, lobt euren Schöpfer,
flink und listig, gewaltsam und anmutig,
lobt euren Schöpfer,
alles was kriecht und fliegt und tanzt,
lobt euren Schöpfer,
rühmt Sie und preist Sie in Ewigkeit.

Ihr Neugeborenen, lobt euren Schöpfer,
jung und alt, erwachsen und greise,
lobt euren Schöpfer,
alle ihr Sterbenden, lobt euren Schöpfer;
rühmt Sie und preist Sie in Ewigkeit.

In Schmerz und Elend
laßt uns unseren Schöpfer preisen,
am Ort der Freude
laßt uns unseren Schöpfer preisen,
in der Zeit des Wartens
laßt uns unseren Schöpfer preisen;
rühmt Sie und preist Sie in Ewigkeit.

Laßt alles was lebt und wächst und atmet
unserem Schöpfer jauchzen;
rühmt Sie und preist Sie in Ewigkeit.

Segenssprüche

O Gott, unser Tanz,
in dem wir leben und uns bewegen und sind.
Lenke unsere Stärke
und hilf unserer Schwachheit auf,
so daß wir mit Kraft
in die Bewegung Deiner ganzen Schöpfung
eintreten,
durch unseren Gefährten Jesus Christus, Amen.

Möge die heilige Weisheit,
der Menschheit zugetan,
treu, beständig und frei,
der Atem der Kraft Gottes
möge Sie, die alles neu macht, in jedem Zeitalter,
in unserer Seele Raum finden
und uns zu Freunden Gottes machen,
durch Jesus Christus, Amen.

OSTERN

Möge Gott, der Himmel und Erde erschüttert,
den der Tod nicht verschlingen konnte,
der lebt, um uns aufzurütteln und zu heilen,
euch segnen, so daß ihr mit Kraft hinausgeht
und die Frohe Botschaft verkündet,
Amen.

PFINGSTEN

Möge Gott, die in der Schöpfung tanzt,
die uns mit menschlicher Liebe umarmt,
die uns mit Donner erschüttert,
uns segnen und uns aussenden mit Kraft,
die Welt mit Ihrer Gerechtigkeit zu erfüllen,
Amen.

Meditationen

SIE HABEN MEINEN HERRN HINWEGGENOMMEN

Es blieb unvollendet.
Wir standen dort, gebannt, bis zum Schluß.
Frauen, die auf den Leib warteten,
den wir liebten;
und dann blieb es unvollendet.
Da war keine Zeit zu umarmen,
zu waschen und zu salben;
keine Zeit, Ihn liebevoll zu berühren,
kein Abschied.

Seitdem brennen meine Hände in der Erwartung
Ihn wenigstens im Tode zu berühren,
Öl in die Wunden zu gießen,
die nicht mehr schmerzen,
und Seinem schweigenden Fleisch
diese letzte Tat der Liebe zu erweisen.

Ich kam früh, als es noch dunkel war,
und fand das Grab aufgerissen,
und Sein Leib war fort;
das Gefäß meiner Trauer zerstört, geplündert,
und meine Hände weiterhin leer.
Ich wandte mich um zu dem Mann, der hinzutrat:
‚Sie haben meinen Herrn hinweggenommen –
wo ist Sein Leichnam?
Wo ist der Leib, den ich grüßen will?
Er ist nicht fort,

ich bin noch nicht bereit,
ich habe es noch nicht zu Ende gebracht –
ich kann Ihn nicht gehen lassen
ich bin nicht ganz.'

Und dann sprach er, kein Leichnam,
und atmete,
und rief mich bei meinem Namen.
Meine Hände streckten sich nach Ihm aus,
um Ihn zu fassen, Ihn zu berühren,
zu umarmen und Seinen Leib ganz fest zu halten,
um mich Ihm wieder hinzugeben, an Ihn zu
klammern,
und um mich in der Liebe zu verlieren.
‚Rühre mich nicht an!'

Ich schrak zurück und wartete,
meine zurückgewiesene Leidenschaft
war zwischen uns wie etwas Sterbendes.
Ich, Maria, stand da und trauerte,
und dann ging ich fort.
Ich habe eine frohe Botschaft zu verkünden.

Jo 20, 1–18: Maria Magdalena am Grab.

IN DUNKELHEIT UND ANGST

In Dunkelheit und Angst
suchte ich immerfort nach Ihr,
lief auf den Pfaden der Verwirrung
und wußte, daß ich nichts weiß.

In Dunkelheit und Wüste
sehnte ich mich nach Ihrer Fülle,
verzehrte mich und brannte vor Bedürftigkeit
und fühlte, daß ich nichts weiß.

In Dunkelheit und Leere
erflehte ich Ihre Zärtlichkeit,
betastete den Schmerz vertrauten Verlusts
und fürchtete nichts zu wissen.

In Dunkelheit und Dringlichkeit
umwarb ich Sie beharrlich,
lehnte mich an die Küsse Ihres Mundes
und ersehnte, nichts zu wissen.

In Dunkelheit und Verwirrung
erwartete ich Sie heimlich,
lernte, das Antlitz des Verlangens zu verbergen,
und wollte nichts wissen.

In Dunkelheit und Geborgenheit
kam Sie in Ihrer Fülle,
berührte alles Sprachlose
und Widerstrebende in mir,
das nichts zu wissen brauchte.

UND DU HAST MICH GEHALTEN

Und du hast mich gehalten – keine worte –
keine zeit und du hast mich gehalten
nur verlangen und
gehaltenwerden und erfüllt werden mit verlangen
und ich war nichts als hingabe
und gehalten werden
– keine worte und
keine worte wurden gebraucht
kein schrecken nur stille
und mich verlangte nach nichts und
es war die fülle
und wie ein schmerzliches sehnen nach gott
berührung und wärme und
dunkelheit – keine zeit –
keine worte und wir flossen
und ich floß über und ich war nicht leer
und ich war im dunkel und
in der dunkelheit war ich nicht verloren
und das sehnen wie fülle und ich
konnte sie kaum halten und wurde gehalten und
du warst – dunkel und warm ohne zeit
ohne worte – und du hast mich gehalten.

IN JENER NACHT

In jener Nacht kamen wir zur Geburt zusammen,
wie Frauen es immer getan haben – wie Frauen
es bis jetzt noch nie getan haben;
und in einem ganz gewöhnlichen Raum,
warm, offen und vertraut wie das Kindbett,
sprachen wir über unseren Körper und unser Blut
und warteten auf die Geburt Gottes:
Schweigen, Gestik und Sprache
kündigten in einer seltsamen, angemessenen
Mischung
aus Geheimnis und Direktheit
das Fest der Fleischwerdung des Wortes an,
das so ganz durch Frauen entbunden wurde.